Güte –
mit Klugheit gepaart

„Der gute Papst" – so wurde Johannes XXIII. bald nach seiner unerwarteten Wahl 1958 genannt. Von Katholiken, Christen anderer Konfession und weit über den kirchlichen Raum hinaus. Angelo Roncalli (1881–1963), der als Papst des Zweiten Vatikanischen Konzils Geschichte schrieb, blieb zeitlebens ein Mann des Volkes. Mit Charme, Gottvertrauen und Humor hat er die Herzen erobert. Und viele seiner Worte sind lebendig geblieben.
Einen Querschnitt bietet diese Sammlung, die zu seiner Seligsprechung erscheint: Worte voller Weisheit – Worte zum Bedenken, Meditieren und oft auch zum Schmunzeln. Sie sind kurz und zentral: Lebenshilfe, verblüffend einfach und menschlich. Eben weil sie Frucht einer tiefen Gottverbundenheit sind. Johannes XXIII. hat sie aus seinem Alltagsleben heraus geschrieben, großteils längst bevor er Papst wurde. Aus seinen Gedankensplittern scheint auf, was Wert hatte für

ihn: ein Kompass für unsere wortreiche, hektische Gegenwart. Und eine Einladung, alles etwas gelassener und unbefangener anzusehen und anzunehmen.
Papst Johannes XXIII. hat die Kirche in neuer Weise dem Dialog geöffnet. Auch den Ländern des Ostens war er sehr verbunden. Dem Gründer des Hilfswerks „Kirche in Not/Ostpriesterhilfe", P. Werenfried van Straaten, hat er ganz persönlich wesentliche Impulse gegeben, die bis zum heutigen Tag zum Tragen kommen: die Tätigkeit des Werkes auf Lateinamerika auszudehnen, ohne die Hilfe für die Kirche hinter dem damaligen „Eisernen Vorhang" zu schmälern.
Auch für mein Leben und für meine Aufgabe als Präsident dieses Hilfswerks sind diese „Hundert Worte" eine trostreiche und aufbauende Grundlage für Gegenwart und Zukunft.
Und sicher sind sie ein gutes Geschenk für Menschen, die uns lieb sind.

Hans-Peter Röthlin

Aller Anfang
erfüllt das Herz
mit Hoffnung.

Das Leben
ist die Verwirklichung
eines Jugendtraums.
Jeder Jugendliche
sollte einen Traum haben,
einen Traum,
der dazu bestimmt ist,
großartige Wirklichkeit
zu werden.

Was wird aus mir werden? Werde ich ein tüchtiger Theologe sein, ein großer Jurist, ein Landpfarrer oder ein einfacher, armer Priester? Doch was kümmert mich das alles schon? Ich muss nichts von alldem und zugleich mehr als all dies sein, ganz wie Gott will. Mein Gott ist alles. Zudem wird Gott schon dafür sorgen, mein ehrsüchtiges Streben und den Wunsch, vor der Welt eine gute Figur abzugeben, zunichte zu machen.

Am Vorabend der Priesterweihe

Alles, was ich tue,
will ich so tun,
als wäre ich in der Welt,
nur um diese eine Aufgabe
gut zu erfüllen.

Immer beschäftigt sein

und nicht unter der Eile leiden,

das ist

ein Stück Himmel auf Erden.

Christlicher Glaube heißt:

Heiterkeit,

innere Ruhe

und Hingabe an Gott.

Ich habe noch nie
einen Pessimisten
nützliche Arbeit für die Welt
tun sehen.

Nimm dir nicht zuviel vor.
Es genügt
die friedliche, ruhige Suche
nach dem Guten
an jedem Tag,
zu jeder Stunde,
und zwar ohne Übertreibung
und ohne Ungeduld.

Wer glaubt,

zittert nicht.

Er ist nicht pessimistisch

eingestellt.

Glauben –

das ist die Heiterkeit,

die von Gott stammt.

Wenn Gott
den Schatten erschaffen hat,
dann war es,
um das Licht hervorzuheben.

Ich will versuchen,
nichts aufzuschieben,
was dringend zu erledigen ist,
mir aber die Ruhe bewahren,
die nötig ist,
damit etwas gelingt ...
Wer die Dinge übereilt,
kommt nie weit.

Nur für heute ...

Nur für heute werde ich mich bemühen, den Tag zu erleben, ohne das Problem meines Lebens auf einmal lösen zu wollen.
Nur für heute werde ich ... nicht danach streben, die anderen zu korrigieren oder zu verbessern, sondern nur mich selbst.
Nur für heute werde ich in der Gewissheit glücklich sein, dass ich für das Glück geschaffen bin ...
Nur für heute werde ich mich an die Umstände anpassen, ohne zu verlangen, dass die Umstände sich an meine Wünsche anpassen.
Nur für heute werde ich zehn Minuten meiner Zeit einer guten Lektüre widmen: Wie der Leib die Nahrung braucht, so braucht die Seele die gute Lektüre.

Nur für heute werde ich eine gute Tat vollbringen, und ich werde es niemandem erzählen.
Nur für heute werde ich etwas tun, zu dem ich keine Lust habe; sollte ich mich in meinen Gedanken beleidigt fühlen, werde ich dafür sorgen, dass niemand es merkt.
Nur für heute werde ich ein genaues Programm aufstellen …
Nur für heute werde ich glauben – selbst wenn die Umstände das Gegenteil zeigen sollten –, dass Gott für mich da ist, als gäbe es sonst niemanden auf der Welt.
Nur für heute will ich mich nicht entmutigen lassen durch den Gedanken, ich müsste dies alles mein ganzes Leben lang durchhalten. Heute ist es mir gegeben, das Gute während zwölf Stunden zu wirken.

Ein Wort des hl. Franz von Sales gefällt mir besonders:

„Ich bin wie ein Vogel,
der in einem Dornbusch singt.“

Also wenig über das sprechen, worunter ich leide;
zurückhaltend und nachsichtig sein im Urteil über Menschen und Ereignisse;
besonders für die beten, die mich enttäuscht haben;
in allem eine große Güte haben, eine grenzenlose Geduld.

Selbstverständlich
ist es nicht verboten,
im rechten Moment
die eigene Meinung zu sagen,
aber immer mit Respekt –
und einer Prise Humor,
doch ohne jemand zu verletzen.

Suchen wir nicht,
wer Recht oder Unrecht
gehabt hat,
sondern versöhnen wir uns.

Die Milde
ist unsere Stärke.
Sie löst alle Schwierigkeiten
und überwindet
jedes Hindernis.

Im Umgang mit den anderen:
immer Würde bewahren,
Einfachheit,
Güte –
gelassene, leuchtende Güte!

Das Übel zu beklagen ist eine traurige Pflicht, aber zu seiner Beseitung genügt es nicht, sich dagegen aufzulehnen. Dazu ist unser Wollen erforderlich, etwas dagegen zu tun und unsere Kräfte anzuspannen.
Es ist die Güte, die der Welt verkündet werden muss, damit sie überall hin ausstrahle und das Leben des Einzelnen und der Gesellschaft in jeder Form durchdringe.

Rundfunkansprache, 21.12.1961

Ich danke dem Herrn, dass er mir eine besondere Bereitschaft gewährt hat, stets die Wahrheit zu sagen, unter allen Umständen, vor allen; selbstverständlich mit Takt und Liebe, aber in aller Ruhe und ohne Furcht. Einige kleine Notlügen meiner Kindheit haben in meinem Herzen einen Abscheu vor Doppelzüngigkeit und Lüge hinterlassen. Besonders jetzt, da ich älter werde, will ich vor allem ein ehrlicher Mensch sein …

Wahrheit und Liebe
müssen Hand in Hand gehen.

Man muss alles sehen,
vieles übersehen
und weniges zurechtrücken.

Man muss immer

erst alle hören,

bevor man

ein endgültiges Urteil abgibt.

Ich werde es mir
zum Grundsatz machen,
alle und alles anzuhören,
es zu bedenken
und zu studieren,
mein Urteil erst langsam
zu bilden,
nicht geschwätzig zu sein,
keinen großen Lärm zu machen,
die Augen offenzuhalten
und mich keinen Schritt
vom Weg der Kirche
zu entfernen.

Der Friede verlangt
viel Verständnis und Großmut.
Denn auch wenn man
einander gern hat,
gibt es doch immer etwas,
was dem einen oder anderen
missfällt.
Da ist die heilige Geduld,
die Quelle des Glücks, nötig!

Ansprache vom 3. März 1963

Wir alle haben unsere Fehler.
Wenn nicht den einen,
dann den anderen.
Und allen Menschen sollen wir
wohlgesinnt sein.
Allen –
denn vielleicht sind sie
vor Gott besser als wir.

Wenn Gott unser Vater ist,
dann sind wir
– das ist eine logische Folge –
untereinander
alle Brüder und Schwestern.

Gott hat die Menschen
nicht als Feinde,
sondern als Brüder
und Schwestern
geschaffen.

Enzyklika vom 29.6.1959

Der Krieg ist nicht von Gott gewollt, sondern von den Menschen ... Sie sind es, die mit offenen Augen den Krieg wollen, allen geheiligten Gesetzen zum Trotz, und darum ist er umso schlimmer. Der dazu antreibt und ihn schürt, ist immer nur der „Fürst dieser Welt", der nichts gemein hat mit Christus, dem „Friedensfürsten".

Tagebuch, 1940

Die Welt ist vergiftet von ungesundem Nationalismus des Blutes und der Rasse, der im Widerspruch zum Evangelium steht ... Unser Heiland ist für alle Nationen gestorben, ohne Unterschied der Rasse und des Blutes; er ist der erste der Brüder jener neuen Menschenfamilie geworden, die auf ihn und sein Evangelium gegründet ist.

Gott ist alles.

Ich bin nichts.

Das genügt für heute.

Hüte dich vor Eigenlob
und dem Wunsch,
mehr oder auch nur
in gleichem Maß wie andere
geachtet zu werden.

Gewiss, ich arbeite immer, aber im Grunde meines Wesens neige ich zu Faulheit und Fahrigkeit ... Da ich demütig sein will, werde ich mir immer wieder sagen, dass ich ein Faulpelz bin.

Etwas weniger essen als bisher wird mir sicher gut tun. Ich werde meine Portionen deshalb halbieren und in der Regel weniger Wein trinken und diesen noch mit Wasser vermischt. Wenn ich darüber nachdenke, habe ich den Eindruck, zu viel zu versprechen. Doch ich hoffe, dass der Herr mir hilft, meinem Vorsatz treu zu bleiben, und dass er mir die Ausführung milde erscheinen lässt.

Leider

gestatten die Stühle das Sitzen

nur einem halben Nuntius.

Beim Besuch der Academie française, auf die enge Sitzgelegenheit und seine Leibesfülle anspielend, 1946

Alles wird leicht,

wenn wir uns

ganz von uns lösen.

Über allem die Liebe,
koste es,
was es wolle.
Dafür will ich gern
für einen Tölpel
gehalten werden.

Wo die Pferde versagen,
schaffen es die Esel.

Darauf kommt es an:
sich immer zu bewegen,
sich nicht in eingefahrenen
Gewohnheiten auszuruhen,
sondern immer auf der Suche
nach neuen Kontakten
zu bleiben,
immer aufgeschlossen zu sein
für die berechtigten Forderungen
der Zeit,
in der wir zu leben haben,
damit Christus auf jede Weise
verkündet und erkannt wird.

Audienz vom 20.3.1960

Es ist menschlich zu irren.
Aber man muss sogleich wieder
zum Rechten finden
und sich bessern.

Ansprache vom 16.11.1960

Auf eine Verfehlung
will ich
mit einem Akt tiefer Demut
reagieren;
dann werde ich frohen Mutes
und lachend neu beginnen,
als hätte Jesus mich gestreichelt,
mir gut zugeredet
und mich eigenhändig
wieder aufgerichtet.

Ich will mehr darauf achten, dass ich meine Zunge beherrsche. Ich sollte zurückhaltender sein, auch gegenüber vertrauten Personen, wenn ich ein Urteil äußere …
Von Natur aus bin ich ein sehr gesprächiger Mensch. Auch das ist eine Gabe Gottes. Doch sie ist mit Bedacht und Maß anzuwenden …

Das Gefühl
meiner Unzulänglichkeit,
das mich nie verlässt ...,
ist eine große Gnade des Herrn:
Sie lässt mich einfach bleiben
und erspart es mir,
lächerlich zu werden.

Meine Fehler
und meine Erbärmlichkeit ...
gestatten mir nicht,
mich in irgendeiner Weise
zu erheben;
aber sie schwächen auch nicht
mein Vertrauen,
mein Vertrauen auf Gott,
dessen zärtliche Hand
ich über mir weiß:
Sie hält mich
und macht mir Mut.

Sich als Kinder Gottes fühlen:
Diese Gewissheit
ist die unerschöpfliche Quelle
unserer Freude …
Im Gefühl,
wie gut der Herr zu uns ist
und wie erbärmlich wir sind,
sind Freude und Traurigkeit
ineinander verwoben.
Doch auch die Traurigkeit
wird versüßt.

Die Einfachheit
beinhaltet nichts,
was der Klugheit widerspricht –
– und umgekehrt.
Die Einfachheit ist Liebe,
die Klugheit ist Denken.
Die Liebe betet,
der Verstand wacht.
„Wachet und betet" [Mk 14,38]:
vollkommener Einklang.

Je älter ich werde, desto mehr konstatiere ich die Würde und die überwältigende Schönheit der Einfachheit, im Denken wie im Tun und Reden ... Alles vereinfachen, was verwickelt ist, alles zurückführen zur größtmöglichen Ursprünglichkeit und Klarheit, ohne mich von Lappalien gefangennehmen zu lassen.

Ein Tag ohne Gebet
ist wie ein Himmel ohne Sonne,
wie ein Garten ohne Blumen.

Beten

ist wie Atmen.

* * *

Die Stoßgebete

sollen nicht zu zählen sein!

Keine Ferien

in meinem geistlichen Leben!

Das reine Gebet ist
ein Lauschen zu Gott hin,
ein Reden mit Gott
und ein Schweigen mit Gott.

Ansprache vom 29.1.1960

Ich soll nicht ein Meister der Politik, der Strategie und der Wissenschaft sein. Davon gibt es genug. Ich habe die Barmherzigkeit und die Wahrheit zu vertreten.

Außer dem Willen Gottes
gibt es nichts Interessantes
für mich.

Jeder Tag,
jeder Monat
gehören dem Herrn.
Deshalb sind alle
gleich schön.

Gott sieht nicht
auf die Vielzahl der Handlungen,
sondern darauf,
wie ich sie vollbringe.
Er fordert das Herz
und nichts anderes.

Ich lebe nur,

um den Winken Gottes

zu gehorchen.

Gott weiß,

dass ich da bin.

Und das genügt.

Die göttliche Vorsehung
lässt jene nicht im Stich,
die auf sie vertrauen.

Es stimmt:

Der Herr gibt dem,

der allein auf ihn vertraut,

für jedes Wetter

die passende Kleidung.

Ich häufe keine Reserven
für die Zukunft an.
Es gibt ja die göttliche
Vorsehung.
Machen wir ihr Ehre,
indem wir sparsam leben
und den anderen Gutes tun.

Geiz nein. Niemals.

Abtötung ja.

Damit Ihr Weihnachten an mich denkt, schicke ich Euch den letzten 100-Lire-Schein, der mir von der Rückreise aus Italien verblieben ist. Es ist sozusagen die letzte Patrone. Schade, dass nur diese eine übriggeblieben ist. Ich habe in diesem Jahr ein bisschen zu viel verschossen ... Aber keine Angst! Ich bin ein Kind der Vorsehung. Und die Vorsehung lässt es weder mir noch Euch am Notwendigen fehlen.

Brief an die Familie, 1927

Die Kirche ist Kirche aller,
doch besonders möchte sie
Kirche der Armen sein.

Jede Pfarrgemeinde
ist mein Familienalbum.

Dies gehört

zur Aufgabe eines Hirten:

seine Schafe einzeln zu zählen.

Die Sorgen, die sich die Eigenliebe um die Zukunft macht, sind hinderlich für Gottes Wirken in uns … – und dann nützen sie nicht einmal den materiellen Interessen. Mögen die anderen nur vorwärts drängen und weiterkommen: Ich beharre ohne Hast da, wo der Herr mich hingestellt hat, und lasse anderen den Weg frei. Ich möchte mir meinen Frieden bewahren, denn darin liegt meine Freiheit.

Papst kann jeder werden.
Der beste Beweis dafür
bin ich selbst.

Ich komme mir vor
wie ein leerer Beutel,
den der Heilige Geist
unerwartet mit Stärke anfüllt.

Nach der Papstwahl, 1958

Die einen hoffen im Papst vor allem den geschickten Diplomaten und Staatsmann zu finden, die andern den Wissenschaftler … Ehrwürdige Brüder und geliebte Söhne … Der neue Papst gleicht vielmehr aufgrund seines ganzen Lebens Josef, dem Sohn Jakobs, der seine von schwerem Unglück betroffenen Brüder vor sich kommen lässt und sich ihnen voll Liebe und Mitleid zu erkennen gibt: … Ich bin Josef, euer Bruder!“

Ich bin kein bedeutender Papst
wie mein Vorgänger,
ich bin kein schöner Papst
– seht nur meine Ohren an –,
aber ihr werdet es gut
bei mir haben.

Seit der Herr mich ungeachtet meiner Armseligkeit für dieses Amt (das Papsttum) auserwählt hat, spüre ich, dass mein Leben nicht mehr einer Sache allein gehört … Die ganze Welt ist meine Familie. Dieses Gefühl, allen zu gehören, soll meinen Geist, mein Herz und mein Tun prägen und beleben.

Wir wollen einander gern haben. Begegnen wir uns in dieser Haltung; versuchen wir zu entdecken, was uns eint, und lassen wir außen vor, was uns trennen kann!
Wenn ihr nach Hause kommt, küsst eure Kinder und sagt ihnen, dass es eine Liebkosung des Papstes ist!

Spontaner Gruß an die Menschen auf dem Petersplatz, 11.10.1962

Am Tage nach der Papstwahl wurde der für die Sicherheit im Vatikan zuständige Erzbischof bei Johannes XXIII. mit der Frage vorstellig, ob und wann dieser wie sein Vorgänger in den Vatikanischen Gärten spazieren gehen werde.
Neugierig geworden, fragte Papst Johannes sein Gegenüber, warum er das wissen wolle.
Weil man dann die Peterskuppel für Besucher sperren müsse, lautete die Antwort.
Darauf Johannes: „Exzellenz, Wir versprechen Ihnen: Während des Spaziergangs werden Wir keinerlei Anlass zu Ärgernis geben!“

Kurz nach seiner Wahl besuchte Papst Johannes einen schwer kranken Studienfreund, der im Mutterhaus einer Ordenskongregation in der Nähe des Vatikans wohnte. Die völlig verdutzte Oberin wollte sich mit den Worten vorstellen: „Heiligkeit, ich bin die Generaloberin der Kongregation der Schwestern vom Heiligen Geist“; doch vor Aufregung verhaspelte sie sich und stammelte: „Heiliger Vater, ich bin die Generaloberin vom Heiligen Geist.“
Darauf Johannes XXIII. schlagfertig: „Oh, Sie Glückliche, ich bin nur der Stellvertreter Christi!“

Auf die Frage,

wie viele Menschen im Vatikan

arbeiten,

antwortete Papst Johannes:

„Etwa die Hälfte!“

Mein Schutzengel
sagt mir öfter:
Johannes,
nimm dich nicht so wichtig!

Alle mit Achtung, Klugheit und der Einfachheit des Evangeliums behandeln. Man meint oft, dass selbst die alltäglichsten Äußerungen des Papstes voll von Geheimis und Tiefsinn seien. Doch dem Beispiel Jesu viel näher steht eine gewinnende Einfachheit, die mit der Klugheit der Weisen und Heiligen Hand in Hand geht …

Als Papst Johannes einmal gefragt wurde, was das Ziel des von ihm einberufenen Zweiten Vatikanischen Konzils sei, öffnete er ein Fenster und sagte:

„Frische Luft

in die Kirche lassen!“

Auf den Einwurf eines Prälaten, es sei unmöglich, schon 1963 ein Konzil zu organisieren, erwiderte Papst Johannes:

„Gut, dann eröffnen

wir es 1962!“

Ohne etwas
heilige Verrücktheit
kann die Kirche nicht wachsen.

Tradition heißt:

das Feuer hüten,

nicht: die Asche aufbewahren.

Wenn ich eine Mauer
zwischen Christen sehe,
versuche ich,
einen Ziegelstein
herauszubrechen.

Der Weg zur Einheit
zwischen verschiedenen
christlichen Bekenntnissen
ist Liebe,
die leider auf beiden Seiten
so wenig geübt wird.

Es genügt nicht, dass wir unseren getrennten christlichen Brüdern gegenüber die freundlichsten Gefühle hegen.
Wenn wir sie wirklich lieben, müssen wir diese Liebe in die Tat umsetzen.

Wir wollen keinen historischen Prozess aufziehen, wir wollen nicht aufzuzeigen versuchen, wer Recht und wer Unrecht hatte. Die Verantwortung ist geteilt. Wir wollen nur sagen:

Kommen wir zusammen,

machen wir den Spaltungen

ein Ende!

Ansprache vom 25.1.1959

Dass sie eins seien!

Dies ist der Plan des göttlichen Erlösers, den wir verwirklichen müssen ... Das ist die große Aufgabe, die dem Gewissen eines jeden Einzelnen gestellt ist. Am letzten Tag des besonderen und allgemeinen Gerichtes wird dieses Gewissen nicht danach gefragt werden, ob es die Einheit geschaffen hat, sondern ob es dafür gebetet, gearbeitet und gelitten hat.

Weihnachtsansprache 1962

Wir alle

befinden uns auf Erden

wie auf einer Reise.

Mit den Jahren kommt immer
öfter das Abschiednehmen.
Doch es ist ein Abschiednehmen
für einen Moment.
Wir alle sind
für den Himmel geschaffen,
und da werden wir
in der ewigen Freude
wieder zusammenkommen.
Die schönen Residenzen
dieser armen Erde
sind nichts dagegen!

Von allen Punkten der Erde aus
bewegen wir uns
auf den Himmel zu.
Doch der Weg dahin
ist immer der des Kreuzes.

Das Wissen
um die Hinfälligkeit
des Menschen
muss uns zu Mitleid,
Trost und Ermutigung
für den Nächsten veranlassen.
Grund für unsere
eigene Entschuldigung
aber darf es nicht sein!

Kleine Dornen, die man
aus Liebe zu Jesus erträgt,
werden zu Rosen.

Um ehrlich zu sein,
lasst es mich sagen:
Ich hoffe, lange zu leben.
Ich liebe das Leben!

Gegen ein hohes Alter
kann man nichts machen.
Aber man kann versuchen,
möglichst lange alt zu sein.

Sich mit Ruhe bereit halten

zu sterben

ist das beste Mittel,

um lange zu leben.

Ich habe mich so gut an den Gedanken meines Sterbens gewöhnt, dass er mir jetzt überhaupt keine Angst mehr bereitet. Denn ich weiß, dass der Himmel viel schöner ist als Venedig und dass dort wirklich das ewige Fest des Lebens beginnen wird ... in der Begegnung mit unseren Lieben, die uns vorausgegangen sind und uns erwarten.

1955, als Patriarch von Venedig

Ich muss mich
mit dem Gedanken an den Tod
vertraut machen,
und zwar so,
dass mein Leben dadurch
noch fröhlicher,
noch beweglicher,
noch arbeitsamer wird.

Vor einigen Jahrzehnten schrieb ein französischer Schriftsteller, es gebe auf Erden nur einen einzigen Grund zum Klagen: die Tatsache, dass wir keine Heiligen seien. Fehlt unserem Leben dieser innere Antrieb, diese treibende Kraft, so fehlt ihm etwas Wichtiges. Wenn wir ihn dagegen haben, gewinnen wir für uns und viele andere Freude und Fröhlichkeit unter dem strahlenden Lächeln Gottes.

Ansprache vom 21.1.1961

Man kann
mit einem Hirtenstab
in der Hand
heilig werden,
aber ebenso gut
mit einem Besen!

In meinen nächtlichen Gesprächen mit dem Herrgott habe ich stets ein Bild vor mir: den gekreuzigten Jesus, der seine Arme weit ausbreitet, um alle zu empfangen. Das ist die Aufgabe der Kirche, damit sie das Gebet des Herrn verwirklichen kann: Alle sollen eins sein.

31.5.1963,
wenige Tage vor seinem Tod

Wenn es etwas gibt,
das niemand bereuen muss,
so ist es dies:
auf irgendeine Weise
zu hochherzig gewesen zu sein.

Die Deutsche Bibliothek –
CIP-Einheitsaufnahme

Ein Titeldatensatz für diese Publikation ist
bei Der Deutschen Bibliothek erhältlich.

3. Aufl. 2000

Umschlaggestaltung: Neue-Stadt-Graphik
Gestaltung und Satz: Neue-Stadt-Graphik
Druck: MZ-Verlagsdruckerei, Memmingen
ISBN 3-87996-524-2

Das Leben von Papst Johannes:

Renzo Allegri
JOHANNES XXIII.
„Papst kann jeder werden.
Der beste Beweis bin ich."
Ein Lebensbild

220 Seiten, gebunden,
mit 10 dokumentarischen Fotos.
ISBN 3-87996-521-8

„Ein außerordentlich eindrucksvolles Lebensbild, das den Menschen Roncalli in seinem Alltag zeigt" (Wolfgang Seibel SJ in: Stimmen der Zeit). Mit vielen Zeugnissen von Augenzeugen, Freunden und Verwandten.

VERLAG NEUE STADT
MÜNCHEN · ZÜRICH · WIEN

Aus der Reihe HUNDERT WORTE:

Wie ein Tropfen im Ozean
Hundert Worte von Mutter Teresa
ISBN 3-87996-374-6

In der Kraft des Kreuzes
Hundert Worte von Edith Stein
ISBN 3-87996-370-3

Alles wirkliche Leben ist Begegnung
Hundert Worte von Martin Buber
ISBN 3-87996-375-4

Worte ins Spiel gebracht
Hundert Worte von Klaus Hemmerle
ISBN 3-87996-503-X

Im Bann der Wahrheit
Hundert Worte von Simone Weil
ISBN 3-87996-507-2

Dem Staunen entspringt der Dank
Hundert Worte über die Dankbarkeit
ISBN 3-87996-397-5

Die Wüste lehrt das Leben neu
Hundert Worte über die Weisheit der Wüste
ISBN 3-87996-508-0

Es schläft ein Lied in allen Dingen
Hundert Worte über die Musik
ISBN 3-87996-396-7

Farben für das Unaussprechliche
Hundert Worte über die Kunst
ISBN 3-87996-504-8

Freunde weiten das Herz
Hundert Worte über die Freundschaft
ISBN 3-87996-357-6

Ganz im Ernst!
Hundert Worte über den Humor
ISBN 3-87996-518-X

Glück braucht offene Türen
Hundert Worte über das Glück
ISBN 3-87996-369-X

Schweigen hat seine Zeit
Hundert Worte über das Schweigen
ISBN 3-87996-372-X

Wege entstehen, wenn wir sie gehen
Hundert Worte über den Weg
ISBN 3-87996-377-0

Weise, wer die Zeit versteht
Hundert Worte über die Zeit
ISBN 3-87996-386-X

Wo Liebe sich freut, ist ein Fest
Hundert Worte über die Liebe
ISBN 3-87996-358-4

VERLAG NEUE STADT
MÜNCHEN · ZÜRICH · WIEN